AF249822

LES FINANCES

DE

GAMBETTA

AVIS AUX ÉLECTEURS

PARIS

TYPOGRAPHIE F. DEBONS ET Ce

16, RUE DU CROISSANT, 16

1877

LES FINANCES

DE

GAMBETTA

I

M. Gambetta est aujourd'hui le chef incontesté et incontestable du parti révolutionnaire. C'est lui qui a formé le faisceau des 363, qui les a ameutés contre l'autorité du Maréchal de Mac-Mahon, qui les a lancés à l'assaut du pouvoir et qui compte bien, si le succès couronne leur tentative, profiter de leurs efforts. Il peut convenir à son ambition de se dissimuler pour quelques jours encore derrière une personnalité plus ou moins obscure, sauf à les faire rentrer dans le néant au moment voulu. Chef avoué ou occulte de tous les opposants, il entend être leur maître et par eux le maître de la France.

Dans le récent discours prononcé par lui à

Lille, discours que la police correctionnelle a été appelée à apprécier et qui lui a valu trois mois de prison, il affiche l'audacieuse prétention de se poser en adversaire personnel du Maréchal et de lui dicter des lois. Avocat sans cause, un coup de main exécuté de complicité avec l'étranger lui a valu le pouvoir : ses cinq mois de dictature lui en ont donné l'habitude. Aujourd'hui le pouvoir lui manque : il le lui faut, dût la France succomber dans l'aventure.

Chef du Gouvernement, M. Gambetta a exercé pendant cinq mois le pouvoir suprême, absolu, sans contrôle.

Chef de l'opposition, M. Gambetta a exposé dans de nombreux programmes ses doctrines, ses principes, le système qu'il entend faire prévaloir, les réformes qu'il entend introduire.

Comment a-t-il administré ?

Comment compte-t-il administrer ?

Telles sont les deux questions que nous voulons examiner.

Nous bornerons notre examen aux matières financières, non-seulement parce que les chiffres ont une éloquence indiscutable, mais parce que là, l'action gouvernementale se traduit par des faits directs, palpables, matériels. Que la gestion des deniers de l'Etat soit économe, scrupuleuse et chacun s'en ressentira dans sa bourse, que l'impôt soit équitable, facile à percevoir, n'entraînant aucune charge accessoire, aucune vexation inutile et trente-huit millions de Français le payeront sans se sentir lésés, sans se plaindre, parce qu'ils savent que c'est une des conditions de la vie sociale, que c'est le juste prix des services qu'ils réclament du Gouvernement.

Notre étude s'appuyera uniquement sur deux documents officiels dont nul ne peut mettre en doute l'autorité.

Le premier est intitulé : Rapport de la Cour des comptes au Président de la République sur les comptes de l'exercice 1870 : Imprimé aux frais de l'État, à l'imprimerie nationale, ce rapport contient l'examen de la gestion administrative et financière de M. Gambetta, examen fait par une Cour suprême, composée de magistrats inamovibles, à l'abri des passions comme des fluctuations de la politique, jugeant avec l'impartialité d'un tribunal et constatant les faits tels qu'ils ressortent des pièces officielles placées sous leurs yeux.

Le second est le rapport présenté à la dernière Chambre par M. Gambetta au nom de la Commission du budget sur la réforme de l'impôt.

Dans ce rapport qu'il a tenu à faire insérer dans son propre journal la *République française*, M. Gambetta expose tant en son nom qu'au nom de ses amis, le système financier qu'ils projettent d'appliquer lorsqu'ils seront au pouvoir, les réformes qu'ils apporteront au régime des impôts, le mode de perception et de recouvrement qu'ils mettront en **vigueur.**

M. Gambetta et ses hommes seront ici jugés par eux-mêmes : car ils ne sauraient pas plus contester l'autorité et la compétence de la Cour des comptes qu'ils ne sauraient désavouer le programme qu'ils ont publié il n'y a pas plus de six mois, au nom de la majorité de la Commission du budget, et par conséquent au nom de la majorité de la dernière Chambre, au nom de ces fameux 363.

II

M. Gambetta a été le maître absolu de la France pendant cinq mois : toutes ses richesses, toutes ses ressources, il les a eues dans sa main, il en a disposé sans opposition, sans contrôle ; il a prodigué ses trésors dans un but généreux, a-t-on dit, pour la défense du pays : soit, nous ne discuterons pas ici l'opportunité de la lutte, nous ne nous demanderons pas ce que pouvaient espérer les gens sensés, au jour où la France n'avait plus ni armées, ni généraux, ni gouvernement, ni souverain. Aussi bien celui que les républicains entourent aujourd'hui d'hommages hypocrites, sur lequel ils s'efforcent de verser tant de pleurs, M. Thiers, a-t-il stigmatisé cette politique d'un nom qui lui restera « politique de fou furieux. »

Mais au moins ce dictateur improvisé devait-il

être prêt à rendre compte au pays, qui ne lui avait marchandé ni son sang, ni son or, de chacun de ses écus comme du moindre de ses actes Au moins fallait-il pour son honneur que, s'il echouait dans cette entreprise désesperce qu'il s'etait seul donné mandat de conduire, il ne laissât planer aucun soupçon sur les mobiles qui avaient pu le diriger.

Or, la Cour des comptes constate dans son rapport que sur les fonds appartenant à l'État, dont M. Gambetta s'était attribué le maniement après le 4 septembre, il est une somme de 246,972,678 fr. 35 centimes, DEUX CENT QUARANTE-SIX MILLIONS NEUF CENT SOIXANTE-DOUZE MILLE SIX CENT SOIXANTE-DIX-HUIT FRANCS TRENTE-CINQ CENTIMES, dont ni lui ni ses agents n'ont encore pu rendre compte.

Entendons-nous bien sur la valeur de cette expression. Lorsqu'un comptable de deniers publics, lorsqu'un percepteur par exemple ne peut rendre compte d'une somme qu'il a reçue dans sa caisse, lorsqu'il ne peut prouver qu'il en a fait régulièrement emploi dans l'intérêt de l'État ou de la commune, lorsqu'à la place des écus, il ne peut représenter les quittances qui lui ont été délivrées par ceux dont il a payé soit les traitements soit les travaux, ce comptable, ce percepteur est déclaré débiteur de l'État de cette somme, quelque minime ou quelque importante qu'elle puisse être ; qu'il s'agisse de 5 francs ou de de 10,000 francs, il est tenu de la reverser dans les caisses du Trésor. *Des comptes ou de l'argent.* Or, M. Gambetta est absolument dans le cas de ce percepteur. Il a fait usage pendant cinq mois des deniers de l'État, et à l'heure qu'il est, il n'a encore produit, aucun compte pour cette somme de 246.972.678 fr. 35. *Il est donc débiteur de 246.972.678 fr. 35 envers l'État, envers la France, c'est-à-dire envers nous tous.*

246.972.678 fr. 35! près de dix ans de cette liste civile impériale que les républicains représentaient autrefois comme une charge écrasante pour le pays. Eh bien! nous sommes en République depuis six ans, et nous avons continué à la payer, bien plus nous l'avons payée non pas en dix ans comme autrefois, mais en une seule fois, en cinq mois, à un seul homme, à M. Gambetta. Autrefois elle servait à venir en aide au soldat mutilé, à encourager les arts, à élever des monuments, à transformer les landes de Gascogne, à dessécher les marais de la Sologne; aujourd'hui, à quoi a-t-elle servi? nul ne le sait, nul ne peut le dire.

Mais ces comptes, dira-t-on, ils existaient, ils ont été détruits dans les incendies de la Commune; la Cour même le constate. Nous ne recherchons pas qui a allumé ces incendies, qui pouvait y trouver son profit, qui a donné des fusils et des canons à ces misérables qui n'ont su s'en servir que contre l'armée de la France. Certes, il est des pièces qui ont disparu dans ces incendies, mais il en est d'autres dont la disparition est encore plus singulière. En veut-on un exemple, toujours tiré du même rapport ?

M. Gambetta charge un de ses lieutenants, M. Lecesne, de faire des achats d'armes ; il l'institue président d'une commission d'armement. M. Lecesne dépense 72.138.978 fr. 50 cent.

De cette énorme somme on ne trouve plus aujourd'hui aucune trace. Il avait été dressé, paraît-il, des comptes pour une somme de 50.762.556.72. Ils ont été brûlés dans l'incendie du ministère des finances. Il y avait une petite somme de 1.250.661 : c'était trop minime pour que de si grands seigneurs daignassent s'en occuper : de celle-ci rien. Mais il restait encore 21.120.758 fr. 78. Les comptes existaient, ils ont été transmis à la fameuse commission des marchés : depuis, on n'a pu les retrouver. Qui donc avait intérêt à les faire disparaître ?

Qu'auraient dit autrefois ces austères républicains, si un Ministre de l'Empereur n'avait pu produire des justifications, nous ne dirons pas pour 20 millions, mais pour vingt mille francs ?

Parmi les agents de M. Gambetta il y en a, il est vrai, qui ont rendu des comptes, mais à la police correctionnelle. Tout le monde connaît l'histoire du fameux Ferrand, à qui le Dictateur délivrait 31 millions et qui peu après était arrêté dans le somptueux château qu'il s'était donné en Bretagne et condamné pour vol et pour escroquerie.

Veut-on savoir comment l'un des dévoués, l'un des fidèles de M. Gambetta, M. Challemel-Lacour, administrait la ville de Lyon? Les résultats sont nets et précis : en six mois la dette de la ville de Lyon était augmentée de 9.941.141. fr. 43.

C'est une rente perpétuelle de 497.000 fr. que les Lyonnais auront à payer, soit environ 1 fr. 50 par tête, pour avoir eu le bonheur d'être gouvernés pendant six mois par M. Challemel-Lacour.

Que ce soit incurie, désordre, dilapidation, peu importe ! M. Gambetta, ses acolytes, ses agents, ses hommes, ont géré nos finances, sans mission, sans mandat, ont manié nos écus, et aujourd'hui il est 246.972.678 fr. 35 centimes dont ils ne peuvent nous rendre compte, dont ils ne savent ce qu'ils ont fait. *C'est 246.972.678 fr. 35 qu'ils nous doivent à nous tous, Français citoyens, contribuables.* Faites le compte, nous sommes 38 millions de Français; c'est 6 fr. 50 qu'ils doivent à chacun de nous, riches ou pauvres, paysans ou citadins ; 6 fr. 50, plus de trois journées de travail pour un laborieux ouvrier de la campagne; 6 fr. 50, plus que ne gagne souvent dans toute une semaine une pauvre fille dans un atelier.

Qu'on ne vienne pas nous dire que nous prodiguons les mots à effet, que la responsabilité dont nous parlons n'est qu'une responsabilité fictive. Demandez-le aux nombreux comptables à qui la Cour des comptes a fait reverser les sommes qu'ils avaient indûment perçues ou dont ils n'avaient pu justifier l'emploi. La justice a commencé à s'occuper des affaires de M. Gambetta et nous espérons bien qu'elle ira jusqu'au bout. Franchement nous ne comprenons pas que, quand de telles responsabilités pèsent sur un homme, il ait le courage d'étaler son luxe : car le petit avocat que tout Paris a connu avant 1870, obscur, gêné, mal à l'aise, a aujourd'hui chevaux, voitures, hôtel, dit-on, et le reste. Oh ! c'est bien le même homme qui, le 16 Décembre 1870, au moment où nos malheureux enfants expiraient dans la boue et dans la neige, écrivait de Bourges à son Directeur général des lignes télégraphiques : « Cigares exquis, soyez toujours gais et de bonne composition. »

III

Nous avons vu ce qu'a été l'administration de M. Gambetta ; voyons maintenant ce qu'il nous réserve pour l'avenir.

Le fameux rapport sur la réforme de l'impôt déposé par lui au nom de la Commission du budget, c'est-à-dire au nom des hommes qui avaient la confiance de la majorité de l'ancienne Chambre, nous fournit de curieux renseignements à cet égard.

M. Gambetta veut transformer l'impôt de répartition en impôt de quotité. Expliquons-nous bien. Dans le régime actuel, régime établi par l'Assemblée constituante en 1789, le cultivateur sait par avance la somme qu'il aura à payer : elle est fixe, pour ainsi dire invariable, ne subissant que de légères modifications par les centimes additionnels que peuvent voter ses mandataires aux conseils de la commune ou du département. Que le cultivateur veuille modifier son exploitation, faire d'un champ une vigne, d'un pré un champ, il n'a à en rendre compte à personne : seul et sans partage il recueillera les profits dus à ses efforts et à son industrie.

L'impôt foncier devient-il un impôt de quotité : alors chaque nature de culture est classée, enregistrée, catégorisée : plus de changement qui ne doive être immédiatement signalé. Chaque année le contrôleur viendra sur votre champ examiner le mode de culture, se rendre compte des améliorations, en prendre note sur son carnet : puis le percepteur réclamera la part du fisc. Et avant d'entreprendre la moindre amélioration, de renoncer à une culture pour en adopter une autre, il vous faudra d'abord prudemment calculer ce qu'il pourra vous en coûter pour obtenir en quelque sorte de l'État la permission d'user de votre bien, de lui faire donner tout ce qu'il peut produire.

Mais ce n'est pas tout : il n'y a pas que le pro-

priétaire qui aura à compter avec M. Gambetta, le fermier non plus n'est pas oublié. M. Gambetta et ses amis veulent un impôt sur les profits industriels et commerciaux et ils ont bien soin d'y comprendre les profits du fermier qui prend à bail et cultive les terres d'autrui. Chez lui aussi le contrôleur fera sa visite annuelle ; vous avez augmenté votre bétail, vos bénéfices s'augmentent : part au fisc. Cet herbage était marécageux l'année dernière, vous l'avez asséché : part au fisc. La saison a été propice, le ciel vous a réparti ses faveurs, la récolte est d'un tiers plus considérable : part au fisc.

Nul ne pourra plus faire une rigole, creuser un fossé, remuer un caillou, sans qu'aussitôt l'agent du Trésor ne se présente. Le voilà bien dépassé ce système de la régie, des contributions indirectes, dont les nombreuses formalités, la surveillance incessante soulèvent depuis si longues années les plaintes de nos populations vinicoles. Ce n'est plus seulement la régie, c'est l'exercice appliqué à toute la France.

Les rentiers auront aussi leur tour : car la rente sera frappée d'un impôt : c'est aussi dans le programme. Les modestes travailleurs qui ont converti leurs petites économies en coupon de rente, et ils sont nombreux, aussi bien dans nos villes que dans nos campagnes, verront leurs maigres arrérages diminués de 2, 3, peut-être 5 pour cent. Ils avaient eu confiance dans la foi publique, dans la loyauté des gouvernements et tous les gouvernements, disons-le hautement, depuis quatre-vingts ans, avaient scrupuleusement tenu leurs engagements. Mais M. Gambetta changera tout cela : il se rappelle que la République, non celle de 1793, mais celle du Directoire qu'on appelait aussi conservatrice et modérée, a accumulé banqueroutes sur banqueroutes, qu'elle a fini par supprimer aux porteurs de rentes les deux tiers de leur revenu. Il y a là toute une tradition révolutionnaire à reprendre.

<h2 style="text-align:center">IV</h2>

Nous savons ce qu'a fait M. Gambetta quand il était au pouvoir : c'est une Cour suprême qui a relevé et constaté les faits.

Nous savons ce qu'il veut faire, s'il y revient de nouveau : c'est lui qui s'est chargé de nous le dire.

Electeurs !

Si vous voulez qu'on prodigue votre argent par millions sans vous dire ni pourquoi, ni comment;

Si vous voulez qu'on pénètre chaque jour à

votre foyer, qu'on vienne y surveiller tous les actes de votre existence ;

Votez pour Gambetta, votez pour les 363 qui le prônent, le soutiennent, le reconnaissent pour leur chef !

Si, au contraire, vous voulez que ceux à qui vous confiez le produit de l'impôt, l'argent que vous avez péniblement gagné et qui ne doit être dépensé que d'une manière utile et profitable à tous ; si vous voulez que ceux à qui vous remettez ce dépôt sacré en usent avec réserve et avec parcimonie, et ne reculent pas devant la tâche de vous rendre des comptes ;

Si vous voulez conserver le système équitable et libéral des impôts que nous ont légué nos pères de 1789,

Votez pour les candidats du Maréchal de Mac-Mahon !

Ceux-là, quels que soient leur passé et leurs antécédents, n'ont jamais servi que des Gouvernements qui tenaient à l'honneur de léguer intacte à leurs successeurs LA FORTUNE DE LA FRANCE.

Paris. — Imp. F. DEBONS et Cⁱᵉ, 16, rue du Croissant.